# MÉMOIRE HISTORIQUE SUR CALAIS,

### SUIVI D'UNE

## NOTE SUR UN CANON DE FONTE DE FER,

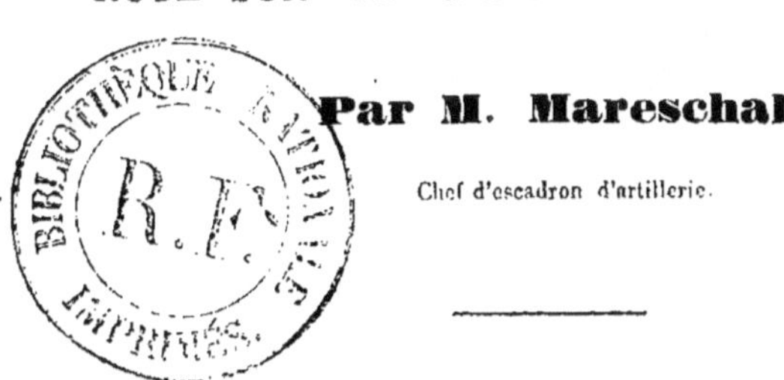

### Par M. Mareschal,

Chef d'escadron d'artillerie.

(Extrait des numéros de novembre et décembre 1849, du
*Journal des Sciences militaires.*)

1849

Paris. Imprimerie de H. V. DE SURCY et Cᶜ, rue de Sèvres, 37.

# MÉMOIRE HISTORIQUE SUR CALAIS.

## Origine de Calais.

Lorsque César fit la conquête de la Grande-Bretagne, il effectua le passage de la Manche à un point de la côte de France, connu par les historiens sous le nom de Port-Itius ; quelques écrivains du dernier siècle, en cherchant à trouver la position de ce port sur les côtes de la Manche, ne sont pas parvenus à le préciser ; ceux d'entre eux qui ont avancé que Calais était ce port sont tombés dans l'erreur ;

car la disposition intérieure du terrain , que l'on a été à même d'étudier dans les tranchées faites pour les travaux récents du chemin de fer, fait présumer que la mer, par ses dépôts successifs , a formé depuis moins de 2,000 ans les plaines marécageuses qui entourent Calais, et dont le niveau se trouve au-dessous des eaux de haute mer ; il semble aussi, en examinant le littoral, que les dunes, qui mettent maintenant cette plaine à l'abri de l'invasion de la mer, soient de formation récente et proviennent d'un grand banc de sable placé en avant des côtes , qui , lors des tempêtes soulevées par les vents d'Ouest, jette sur ces côtes beaucoup de sable ; d'ailleurs , on a trouvé dans les archives des comtes d'Artois la demande au procureur du comté de Boulogne, par les échevins de Calais, d'y faire un port ; il n'y en avait donc pas. Ces faits rendent peu probable l'existence à ce point d'un port assez important pour recevoir la flotte sur laquelle César s'embarqua l'an 31 avant Jésus-Christ. Ptolémée qui écrivait en 130 et qui devait avoir des données complètes sur l'expédition de César, dit que le Port-Itius était placé entre le promontoire Itius et un autre promontoire ; or, si l'on parcourt le littoral de la Manche, on ne trouve que deux promontoires : le Blanc-nez et le Grinez. Wissant, placé entre ces deux élévations, a été un port très-fréquenté. Louis d'Outremer l'améliora en 938 et l'appela Wiscum. Louis VII s'y embarqua en 1189 pour faire un pèlerinage à Canterbury. Tout porte donc à croire que ce Port-Itius n'est autre que Wissant. L'origine de Calais est fort obscure. Avant le douzième siècle, cette ville ne devait être qu'une réunion de pêcheurs, qui commença à prendre de l'importance dans ce siècle. On trouve, dans les archives des comtes d'Artois, qu'en 1180, Calais était une dépendance du comté de Boulogne et de Gueldres. On trouve dans ces mêmes archives, comme on l'a dit plus haut, que les échevins de Calais, en 1190, obtiennent, du procureur du comté de Boulogne, de construire un port, et aussi, qu'en 1228, les bourgeois de Calais donnent huit mille livres, comme avance, au comte de Boulogne, pour fortifier la ville.

## SIÉGES SOUTENUS ET FAITS Y RELATIFS.

### *Siége de Calais par Édouard III.*

Après la bataille de Crécy, Édouard III, roi d'Angleterre, se dirigea sur Calais par la route de Boulogne. Le port de Wissant, qui pouvait favoriser les arrivages d'Angleterre, fut envahi et son fort mis en état de défense.

Les Anglais parurent devant la ville le 30 août 1346. Ils établirent leur camp aux Pierrettes (banc de galets). Les dunes furent garnies de redoutes depuis Sangatte jusqu'à Marck.

Des fossés et des marais entouraient et défendaient bien la place de trois côtés ; le côté de l'Est (le front d'attaque) était le seul abordable. Il paraît qu'à cette époque on ne pouvait pas se servir des eaux de la mer pour inonder la plaine. Édouard fit attaquer la place par ce côté Est ; l'assaut fut livré, les Calaisiens le repoussèrent avec énergie, et firent éprouver aux assaillants une grande perte d'hommes. Il fut tenté plusieurs autres attaques de vive force contre la ville, mais sans succès. Alors on résolut de la prendre par la famine ; le siége fut changé en blocus ; le camp des Pierrettes fut retranché ; on traça autour de la ville des retranchements garnis de redoutes ; une tour en bois fut élevée à l'emplacement du fort Risbanc, pour aider au blocus par mer ; une flotte nombreuse, croisant devant la ville, empêcha tout arrivage par mer.

La ville fit quelques sorties meurtrières pour les Anglais, mais sans résultat pour diminuer la disette.

Le 13 juillet de la même année, Philippe VI, suivant les traces des Anglais, arriva à Sangatte. A la vue des retranchements, des redoutes et marais impraticables qui couvraient le camp d'Édouard, il ne crut pas devoir l'attaquer, et après avoir détruit la tour en bois qui favorisait le blocus du port, il se retira, après avoir défié Édouard de sortir de ses lignes pour livrer bataille.

La ville souffrait toutes les horreurs de la famine. Jean de Vienne, qui commandait à Calais, perdant dès lors tout espoir d'être secouru, demanda à capituler ; mais une si longue résistance, la perte de tant d'hommes tués dans les diverses tentatives d'escalade avaient excité le ressentiment d'Édouard : il voulait que la garnison et les habitants se rendissent à merci. Après divers pourparlers, il consentit à donner la vie aux assiégés, à la condition que six des principaux habitants, se sacrifiant pour tous , payassent de leur vie cette longue résistance. Eustache de St.-Pierre, l'un des plus notables de cette cité, se dévoua le premier ; cinq autres suivirent son bel exemple. Ces braves citoyens, la tête nue , en chemise de supplicié et la hart au cou, furent conduits par Jean de Vienne à Édouard qui ordonna de leur trancher la tête. Les plus notables de son armée le supplièrent en vain de ne pas ternir sa gloire par cette honteuse vengeance ; heureusement la reine était au camp : avertie de ce qui se passait, elle alla se précipiter aux genoux d'Édouard pour obtenir la grâce de ces nobles bourgeois ; ses pleurs attendrirent le roi ; Eustache de St.-Pierre et ses compagnons purent retourner vers les habitants de Calais qu'ils venaient de sauver, par leur dévouement, du pillage et du massacre (1). Édouard prit donc possession de la ville le 29 août 1347, après douze mois de blocus.

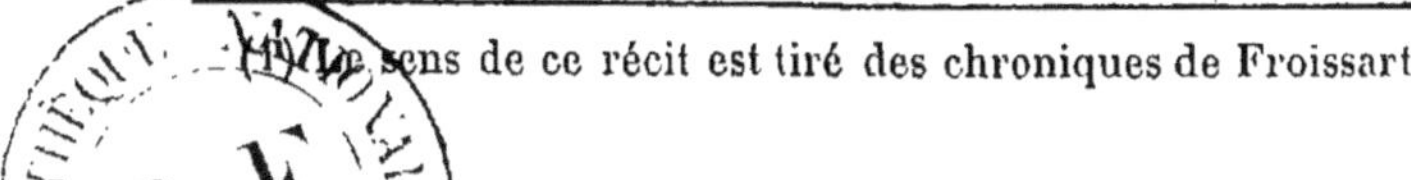

(1) Le sens de ce récit est tiré des chroniques de Froissart.

## *Siége de Calais par le duc de Guise.*

Après la bataille de St.-Quentin, qui eut lieu en 1557, la France avait perdu la ville de ce nom, le Câtelet, Ham, et tout le pays environnant.

Les Espagnols avaient mis ces places dans un état formidable de défense et y avaient laissé de fortes garnisons. Henri II, après ces fâcheux événements, ayant réuni une nouvelle armée dont il avait donné le commandement au duc de Guise, sentit la nécessité de rendre à nos armes, par quelque grande entreprise, l'éclat qu'elles avaient perdu dans cette dernière campagne. Il comprit combien il y aurait de difficultés à reprendre des villes préparées à une grande résistance, qu'il serait peut-être impolitique de ramener nos soldats sur le théâtre de leurs défaites : il voulut au contraire les en éloigner, et résolut de reprendre Calais, que les Anglais possédaient depuis 200 ans. Le secret sur cette entreprise pouvait surtout en amener la réussite ; pour y parvenir il sépara l'armée en plusieurs corps auxquels il donna diverses directions ; le duc de Nevers eut la mission apparente d'aller attaquer Luxembourg et Arlon ; le duc de Guise feignit de s'opposer à ce que les Anglais, maîtres de St.-Quentin et du Câtelet, ne fissent parvenir des secours à ces places. Tournant brusquement à gauche, ce dernier fit semer le bruit qu'il allait soutenir et approvisionner Boulogne et Ardres; mais, bientôt rejoint par les autres corps de l'armée, il se dirigea en toute hâte sur Calais. Avant la bataille de St.-Quentin, le seigneur de Sénarpont, gouverneur de Boulogne, avait envoyé plusieurs fois Strozzi à Calais ; cet ingénieur, déguisé en ouvrier, avait examiné avec attention le côté faible de la place, et fut très-utile dans cette entreprise.

Le duc, venant par la route de Boulogne, porta son armée vers les dunes de l'Ouest et établit son camp près de Sangatte, à une lieue et demie de Calais ; là il attendit que son artillerie, venant par mer de Boulogne, y fût débarquée. Il s'empara alors de deux tours placées sur les dunes en avant du fort Nieulay, et fit porter sur sa droite un fort détachement de cavalerie pour s'emparer de la plaine; mais cette troupe, repoussée par l'inondation, ne put remplir sa mission. Il s'empara du pont situé en avant du fort Nieulay (1) et fit placer de l'artillerie contre cette forteresse (2) et contre le fort Ris-

---

(1) Ce pont était jeté sur la laisse de mer, tenant à cette époque au bassin de chasse, et faisait partie de la route de Boulogne, qui traversait le fort Nieulay.

(2) Ce fort avait pour enceinte quatre grosses tours réunies par des courtines ; cette enceinte, entourée de fossés profonds, était d'une bonne défense ; les quatre tours occupaient les emplacements des bastions 1, 2, 3 et 4.

banc (1). Sur l'avis de lord Wentworth, la garnison du fort Nieulay ne fit aucune résistance et se retira dans la ville. Deux heures après le commandant du fort Risbanc demanda à capituler (2) ; on s'empara d'une tour placée sur les dunes à la hauteur du château, et qui couvrait une écluse de retenue.

Dès lors, le duc de Guise maître du rivage, fit placer une batterie de 13 pièces sur une dune élevée , située à 125 toises en face du château (3).

Le 4 janvier 1558, cette batterie commença la destruction de la muraille Nord , qui n'était défendue par aucun ouvrage en terre, et l'on ruina une tour placée en avant du château.

Les assiégés , pour ralentir les effets de cette batterie, placèrent 4 canons en avant de la porte d'eau, qui était au milieu de la face Nord de la ville, dans le prolongement de la muraille attaquée ; mais la batterie des dunes démonta ces canons, et enfon-

_______________

(1) Ce fort était composé d'une enceinte reliant trois grosses tours et couvrant au Nord et à l'Ouest la tour qui existe encore dans son milieu.

(2) Ces deux commandants furent condamnés à mort sous le règne d'Élisabeth.

(3) Ce château occupait le Nord de la citadelle actuelle ; il y avait au centre un donjon et une tour très-haute ; l'enceinte était composée de quatre grosses tours en forme de bastions, reliés par d'épaisses murailles ; un fossé large et profond l'entourait ; une porte et un pont, placés au milieu de son côté Est, joignaient le château à la ville.

çant la porte d'eau, fit une brèche à l'enceinte de la ville ; les assiégés croyant que les Français porteraient leur attaque sur ce point, y dirigèrent tous leurs moyens de défense. Le duc de Guise persista néanmoins dans son attaque contre le château, et fit ajouter quinze pièces d'artillerie à la batterie des dunes ; le 5, on continua le feu contre le château, et bientôt la muraille s'écroula. Il restait encore bien des obstacles à vaincre ; il fallait traverser une laisse de mer de 100 toises, aborder un terrain fangeux, et enfin franchir un large fossé plein d'eau. Le soir du même jour à huit heures, la mer étant basse, une troupe nombreuse de soldats et de travailleurs, sous les ordres de Dandelot, passèrent la laisse de mer et vinrent s'établir sur le terrain en avant du château. Des travailleurs étaient munis de claies enduites de poix, sur lesquelles ils se placèrent pour ouvrir la tranchée dans ce terrain fangeux ; d'autres travailleurs portaient des mentonnets (1) destinés à protéger les hommes contre les coups d'arquebuse de la place.

Ces travaux furent poussés pendant la nuit jusqu'au bord du fossé. On creusa une forte tranchée

______

(1) Ces mentonnets étaient composés de pieux ferrés, reliés par des bois de fascinage, présentant une épaisseur d'un demi-pied et revêtus de trois feuilles de carton, chaque feuille ayant un pouce d'épaisseur ; des créneaux pratiqués dans ces mentonnets permettaient de répondre aux arquebusades des assiégés.

pour faire écouler dans le port les eaux qui entouraient le château ; à cet instant, lord Wentworth ordonna d'évacuer le château et de faire sauter, en se retirant, les tours du donjon.

Highfield, maître de l'artillerie, s'opposa de tout son pouvoir à cette funeste résolution ; il représenta à ce gouverneur que l'abandon du château amènerait la perte de la ville. Cet ordre ne fut exécuté qu'en ce qui touchait l'évacuation du château ; le nommé Saule, qui était chargé de mettre le feu à la mine, ne le fit pas.

Le 6, à six heures du matin, la marée n'étant point encore tout à fait basse, le duc de Guise, ayant de l'eau jusqu'à la ceinture, traversa la laisse de mer avec l'armée et ordonna l'assaut. Les batteries des dunes n'avaient pu battre le pied de la muraille ; il fallait encore des échelles pour arriver en haut de la brèche ; mais l'évacuation du château ôta toute importance à cet obstacle, et l'on prit aussitôt possession de cette forteresse (1).

Le duc y ayant laissé ses frères, avec une garnison suffisante, profita de la marée basse pour tra-

---

(1) Les diverses relations françaises publiées sur ce siége disent que la brèche du château fut défendue ; mais les lettres de *Highfield*, maître de l'artillerie, et de lord *Wentworth* à la reine *Marie*, publiées récemment en Angleterre, ne laissent aucun doute à cet égard. C'est d'après ces lettres, qui ont un grand caractère d'authenticité, que l'auteur de ce mémoire a rectifié ce fait et plusieurs autres relatifs à ce siége mémorable.

verser la laisse de mer et retourner à son camp avec le reste de l'armée.

Le gouverneur, comprenant la faute qu'il avait commise en abandonnant le château, essaya de le reprendre. Trois canons furent placés en face de la porte ; mais le feu de ces pièces mal dirigé, tant à cause de l'obscurité qu'à cause du découragement des assiégés, fut sans effet. Voyant l'inutilité de ses efforts, lord Wentworth fit élever un retranchement pour couvrir la ville des attaques du château, détruisit le pont qui communiquait de l'un à l'autre, demanda à capituler, et rendit la ville après sept jours de siége.

A cette époque, on pouvait, comme aujourd'hui, inonder la plaine qui entoure le front Sud. Le gouverneur ne prit cette résolution que lorsqu'il vit le détachement de la cavalerie française s'avancer vers Coulogne, commune située à une lieue Sud de Calais. L'irruption des eaux fut si rapide, que les cavaliers eurent beaucoup de peine à rétrograder, les chevaux ayant de l'eau jusqu'au poitrail (1).

Aussitôt après l'arrivée des Français en vue de Calais, lord Wentworth demanda des secours en hommes et en approvisionnements à la reine Marie ; il appela à lui quatre cents Espagnols campés près de Saint-Omer ; les secours n'arrivèrent pas d'Angleterre, et les quatre cents Espagnols, avertis trop

(1) Lettres de lord *Wentworth* à la reine *Marie* d'Angleterre.

tard, furent repoussés par un détachement Français avec une perte de cent des leurs.

En voyant le front Nord du château menacé par l'artillerie des dunes, John Highfield, maître de l'artillerie, fit disposer sur les deux tours et la courtine de ce front quatorze canons en bronze ; mais comme cette artillerie n'était pas protégée par un parapet, les pièces ne tardèrent pas à être démontées, les canonniers à être tués ou mis hors de combat.

Il est à remarquer que ce siége, fait à une époque où les fortifications de Calais étaient si différentes de ce qu'elles sont aujourd'hui, où l'art de l'ingénieur était peu avancé, donne cependant la meilleure marche à suivre pour une attaque contre Calais par une armée venant de l'intérieur.

*Siége de Calais par les Espagnols*, en 1596.

Albert d'Autriche, venu depuis peu d'Espagne comme gouverneur des possessions espagnoles dans les Pays-Bas, chercha à rétablir les affaires de Philippe IV.

Les Français assiégeaient La Fère ; l'importance qu'il y avait à secourir cette place fit tenter à Albert diverses entreprises qui n'aboutirent qu'à jeter dans la place pour un mois de vivres et de munitions.

Désespérant de faire parvenir un secours efficace,

à cause de la nombreuse cavalerie qui, dans les plaines à traverser pour arriver à La Fère, auraient accablé son infanterie, il se décida à attaquer Calais, qui se trouvait trop éloigné de son centre d'action, pour que la France pensât, par des mesures de défense, à faire échouer cette entreprise; il espérait aussi que l'envie de secourir une place aussi importante engagerait l'armée française à lever le siége de La Fère, ou qu'au moins Calais dédommagerait l'Espagne de la perte de cette ville.

L'archiduc fut encouragé dans ce projet par le maréchal-de-camp de Rosne qui avait reconnu la place, et qui assurait que l'entreprise ne serait pas difficile à cause du mauvais état de défense de la ville.

Albert, s'étant donc résolu à faire ce siége, cacha son dessein à Henri IV par diverses contre-marches de ses troupes, auxquelles il donna rendez-vous à Valenciennes. Il envoya un fort détachement au Câtelet pour observer l'armée française. Un autre détachement s'approcha de Montreuil, et Albert, avec le gros de son armée, se porta rapidement sur Calais.

De Rosne arriva par la chaussée de Nieulay avec quatre mille hommes et quatre canons, surprit ce fort, et s'avança le long des dunes jusqu'au Risbanc.

Des travaux d'attaque furent entrepris contre ce fort, qui fut battu en brèche et pris d'assaut le 9 avril.

Henri IV, averti enfin de cette attaque, ordonna à Montluc, qui commandait à trois mille hommes, de secourir Calais ; mais ces troupes, qu'on embarqua à cet effet, furent repoussées par des vents contraires. Le roi lui-même, qui partit aussi avec 500 chevaux, éprouva le même sort. Tout concourait dès lors à la perte de Calais.

Les États-Généraux envoyèrent aussi des troupes au secours de Calais ; Saint-Paul de Bidossan, gouverneur de la ville, leur assigna la défense du Courquet, *faubourg maritime*, placé entre la ville et la mer.

Après la prise du Risbanc, de Rosne fit porter un détachement sur la route de Gravelines, afin de resserrer le blocus de la place ; huit canons arrivèrent avec le gros de l'armée ; on en tira quinze de Gravelines, ce qui, avec les quatre que de Rosne avait déjà, donnait vingt-sept pièces de gros et petit calibre pour le siége. Dès lors, Albert disposa les Espagnols comme il suit : trois mille hommes occupèrent le fort du Risbanc et un fort en terre qu'il fit construire auprès, pour empêcher tout arrivage par mer ; deux mille hommes protégèrent cette position en se plaçant sur les dunes de l'Ouest vis-à-vis la citadelle ; deux mille hommes bloquèrent la ville à l'Est, en occupant la route de Gravelines, près des dunes. Appuyé de mille hommes, Albert établit son quartier général à Saint-Pierre.

Le camp fut entouré de fossés profonds, là où les marais inaccessibles ne le protégeaient pas.

Un secours de vivres et de munitions, envoyé par mer de la Hollande à la ville, fut repoussé.

Une sortie tentée par la garnison fut foudroyée par l'artillerie du Risbanc.

Le jour de Pâques, on établit au Risbanc une batterie de seize pièces de canon contre la face Nord du bastion du Courquet, actuellement Courgain, bastion 10 ; une deuxième batterie de huit pièces, placée sur les dunes, battit l'Ouest de ce bastion.

Les brèches furent bientôt praticables du côté du Risbanc ; l'attaque ne fut que simulée à l'effet de diviser les troupes des assiégés ; du côté de Gravelines était la véritable attaque ; sur la fin de cette journée, six cents Espagnols traversant la mer, ayant de l'eau jusqu'à la ceinture, sous les feux de l'artillerie de la place, montèrent à l'assaut, avec une grande intrépidité et se rendirent maîtres de ce bastion. Bidossan eut le tort de confier la défense du Courquet à des troupes auxiliaires, dont il ne connaissait point encore la fermeté, et de ne pas faire porter une partie de ses meilleures troupes dans le bastion du Courquet, lorsque, dans cet ouvrage, battu en brèche de deux côtés, on avait à résister à deux assauts simultanés.

Cet ouvrage était, comme il l'est encore aujourd'hui, séparé de la ville par un fossé sans parapet, sans ouvrages défensifs ; les Espagnols firent bientôt brèche à l'escarpe ; ils se disposaient à monter à l'assaut, lorsqu'un trompette demanda à parlementer. Bidossan, pressé par les bourgeois mutinés de la ville, fut obligé d'accepter une capitulation qui lui donnait six jours de trève et la permission de se retirer avec les siens dans la citadelle.

Pendant ce temps, Henri IV faisait tous ses efforts pour se réunir à des forces anglaises qui devaient débarquer. Afin de soutenir le courage des défenseurs de la citadelle, il envoya deux cents gendarmes qui, à la faveur d'une nuit obscure, parvinrent à s'introduire dans cette forteresse.

La flotte anglaise ne parut pas, et le roi ne put, avec les seules troupes qu'il avait, s'approcher de la ville ; il pensa qu'au lieu de tenter une entreprise dont le succès devenait incertain, il valait mieux retourner à La Fère pour en presser le siége : il espérait d'ailleurs que la possession de Calais par les Espagnols ne pouvait être de longue durée, en présence de trois puissances qui avaient intérêt à le lui arracher.

Les Espagnols, maîtres de la ville, se disposèrent à faire le siége de la citadelle. Cette forteresse avait la contenance qu'on lui voit aujourd'hui ; mais le corps de la place était moins élevé, moins bien construit, et plus à découvert ; les ouvrages avancés du front Est n'existaient pas ; le bastion de gauche, actuellement 58, avait une muraille sans épaisseur ; le terrassement en arrière n'était que du sable ; le fossé en avant n'était ni large ni profond ; mais Albert pensa que l'attaque faite du côté de la ville pourrait entraîner sa destruction, et, pour ménager sa conquête, il se décida à attaquer le front Ouest. A cette époque, le canal d'Asfeld n'existait pas, et les eaux de la plaine s'écoulaient dans le port par le lit du bassin de chasse. Des travaux de tranchées furent faits sur la chaussée qui aboutissait au bastion Nord-Ouest, actuellement 64, et qui n'en était séparé que par un fossé sans profondeur; on y établit une batterie contre la face gauche de ce bastion; le feu de cette batterie dura depuis le point du jour jusqu'à midi : on tira sept cents coups de canon, après quoi l'écroulement de la face gauche du bastion donna une brèche large et praticable.

Bidossan plein de regret du peu d'énergie qu'il avait déployée pour la défense de la ville, repoussa à la tête de ses troupes un premier assaut; un deuxième le fut encore avec une grande perte des deux parts. Bidossan y fut tué d'un coup de canon et expia ses fautes par une mort glorieuse. Campaignio, commandant de la citadelle, qui lui succédait dans le commandement des troupes, excita de nouveau le courage des défenseurs, rallia sur la brèche tous les hommes que le feu avait épargnés, et tint longtemps en échec l'ennemi, qui donnait un troisième assaut.

Après avoir perdu quatre cents des siens; n'ayant plus que des soldats la plupart blessés et harassés de fatigue par ces combats successifs, il résistait encore à des troupes nouvelles sans cesse renaissantes ; enfin, les Espagnols, parvenus au haut de la brèche, renversèrent ces derniers défenseurs ; rendus furieux par cette longue résistance, ils passèrent au fil de l'épée tous ceux de ces braves soldats qu'ils purent atteindre, plusieurs se précipitèrent des remparts dans les marais ; deux cents purent se retirer dans l'église, s'y barricadèrent, se préparant à une résistance désespérée, quand les Espagnols, suspendant leur furie devant un si noble courage, offrirent la vie à ce débris glorieux de la garnison de Calais.

Les Espagnols trouvèrent beaucoup de canons dans la citadelle, parmi lesquels quarante-trois en bronze, à l'effigie de Henri VIII, roi d'Angleterre.

A la fin de l'année 1597, Henri IV avait défait l'archiduc Albert, qui avait essayé de faire lever à notre armée le siége d'Amiens ; le roi, après la fuite de son ennemi, poussa avec vigueur le siége de cette ville, qui fut reprise sur les Espagnols en novembre 1597 ; ces échecs firent craindre à Philippe IV que le succès croissant de nos armes ne compromît ses possessions des Pays-Bas, et demanda la paix. Henri IV, malgré ses derniers succès, voyant combien cette longue guerre, où nous avions perdu plusieurs villes de notre frontière du Nord, avait épuisé nos ressources, sentit le besoin de donner du repos à la France ; on fut bientôt d'accord, et, par le traité de Vervins (2 mai 1598), la France et l'Espagne se rendaient mutuellement

toutes les villes et pays pris l'un sur l'autre depuis 1559. Calais fut donc rendu à la France par
suite de ce traité.

# NOTE

## SUR UN CANON DE FONTE DE FER,

Du calibre de 10, trouvé en 1846 sur le bord de la mer, à 200
mètres ouest de l'embouchure du ruisseau de Wissant (dit
du Moulin) (1).

---

Le diamètre de l'âme est $11^c,2$, mesure prise à la
bouche, partie de l'âme qui subit le moins d'altéra-
tion par les effets du tir et que l'oxydation n'a point
d'ailleurs sensiblement altérée.

Si l'on suppose le vent de $\frac{1}{27}$ du diamètre du boulet, ainsi que cela avait lieu dans les anciens canons,
le calcul donne un boulet pesant $4^k,926$, poids qui
diffère peu de $4^k,895$ ou 10 livres anciennes.

Ce canon pourrait être anglais, car le poids
de 12 livres anglaises correspond à 10 livres 8
onces françaises, et il est possible que le temps,
une modification, aient amené en Angleterre
dans ce calibre une légère augmentation. Il y
avait en France, vers le milieu du XVII$^e$ siècle, des

---

(1) Wissant dépend de l'arrondissement d'artillerie de Calais,
et est à 16 kilomètres ouest de cette ville.

canons de 10 en service ; ces canons étaient appelés Faucons (1).

Charles-Quint fit couler des canons de 10 (2), mais il y a eu tant de changements dans les calibres et les formes extérieures des canons adoptés par les diverses puissances, les anciens auteurs s'accordent si peu sur ces indications, qu'il serait difficile de dire si ce canon est français ou étranger ; la note historique donnée ci-après doit faire penser que ce canon vient d'Angleterre, du moins qu'il a été placé là par cette puissance, vers la fin du XVᵉ siècle.

La forme des tourillons est tronc conique, leurs axes ne se trouvent pas sur une même ligne et forment entre eux un angle de 160 degrés; ceci est très-exceptionnel, comparé aux pièces les plus anciennes, et conduit à faire remonter la fabrication de cette pièce vers la fin du XVᵉ siècle ; en effet, un tel canon n'a pu être destiné à un affût dont les encastrements se juxtaposaient à ces tourillons ; on n'aurait pas pu faire varier l'inclinaison de la pièce, but qu'on s'était proposé en plaçant des tourillons aux canons ; il faut donc supposer que ces tourillons reposaient dans de larges échancrures de flasques, inclinés l'un vers l'autre. Quoi qu'il en ait été, cet essai de tourillons

---

(1) Travaux de Mars ou l'Art de la guerre, par Allain Mallet, professeur des pages, tome III, page 130.

(2) Mémorial de l'Artillerie, page 153.

doit remonter au commencement de cette importante invention, qui est de 1480 ou 1485 (1).

Il y a au musée d'artillerie, depuis 1837, une pièce en bronze de 1590, dont les tourillons sont aussi troncs coniques; mais les axes se trouvent dans la même ligne; cette pièce pouvait se mouvoir dans des encastrements identiques.

La longueur de ce canon, depuis le derrière de la plate-bande jusqu'à la tranche de la bouche, est de 2$^m$,63.

Le poids de ce canon est de 1560 kil., pris avec la bascule; la prépondérance, ou le poids que supporterait la vis de pointage, est d'environ $\frac{1}{10}$; pour obtenir cette prépondérance, on a fait placer la pièce dans une position horizontale, reposant par ses tourillons sur des appuis en fer; la partie inférieure de la plate-bande de culasse reposant sur le plateau de la bascule, le poids indiqué a été de 160 kil., ce qui est une nouvelle preuve de l'enfance où était l'art de l'artillerie à l'époque du coulage. Cette pièce n'a pas de renforts et est en tronc conique; la rouille a tellement déformé les moulures, que la forme du bourrelet n'est pas saisissable; cependant ce bourrelet est légèrement en tulipe.

Six grosses astragales de 0$^m$,05 de largeur chacune, composées de cinq tores, règnent sur cette pièce: une à la place accoutumée, deux presque jointives, où se

---

(1) Mémorial de l'Artillerie de 1845, page 292.

termine ordinairement le premier renfort ; deux presque jointives où se termine le deuxième renfort ; une sixième éloignée de $0^m,07$ des moulures de la plate-bande de culasse ; le cul-de-lampe est renflé et a trois moulures ; la gorge du bouton est peu déprimée par rapport au bouton, dont le diamètre est de $13^c$ et dont la forme n'est pas sphérique ; le tore, qui se trouve à 9 centimètres de l'extrémité du bouton, peut aussi faire supposer que la pièce est anglaise. Les anciens canons anglais ont cette moulure, elle existe encore dans les nouvelles pièces sous la dénomination d'astragale du bouton.

La lumière a son orifice extérieur de 9 millimètres à $0,12^c$ du derrière de la plate-bande de culasse, et sa direction fait avec l'axe de l'âme un angle de 98°.

Ce canon ressemble aux pièces qui étaient placées sur des forts existant dans le port de Douvres, lors du départ d'Henri VIII, le 31 mai 1520, pour le camp du Drap-d'Or, où ce roi devait rencontrer François I^er (1), et aux canons qui étaient dans le campement des forces anglaises à Portsmouth, en 1545, campement qui avait lieu en face des forces navales françaises et anglaises qui combattaient alors (2). Ces

(1) Tableau original d'Olbein, qui se trouve dans la galerie de Windsor.

(2) Gravure du temps, dont la longueur est de $2^m,00$, et la hauteur de $1^m,00$, et qui se trouve chez M. de Rheims, archiviste de la ville de Calais, elle a été faite d'après une fresque qui existait au château de sir Antony Brown, alors vicomte de Montaigue, et commandant les forces anglaises au siége de Boulogne, en 1544.

formes extérieures qui datent de l'époque où l'on commençait à fondre les pièces en fer, imitaient les premiers canons dont les tubes, composés de barres de fer soudées entre elles, étaient reliées par des anneaux de fer; les astragales représentaient les anneaux.

La pièce est tout à fait hors de service; ses dépressions intérieures et extérieures varient jusqu'à 11 millimètres.

La pièce trouvée à Wissant au même endroit, en 1843, est aussi du calibre de 10 et a les mêmes dimensions principales; les tourillons sont aussi en tronc conique et affectent une position semblable; il n'y a que le rapprochement des deux pièces qui puisse faire apercevoir quelque manque de similitude.

On ne doit pas rapporter l'existence de ces pièces à une défense de la côte, telle qu'on l'entend aujourd'hui; tout doit faire présumer qu'à cette époque les forteresses seules étaient pourvues d'artillerie, au moins pour cette partie de la côte; en effet, on lit dans un manuscrit de M. Pigault de l'Espinoy, appartenant à la bibliothèque de Calais, page 80, tome IV.

« 8 mars 1756 : arrivée de 60 pièces de canon que « la cour envoie avec 45 bélandres chargées de mu- « nitions de guerre.

« La garde-côte du Calaisis n'avait pas encore été « assujettie à la discipline militaire; la cour ordonna « qu'elle fût dressée au maniement des armes, et en

« conséquence on tira de tous les corps d'infanterie
« trois cents hommes, qui furent habillés et exercés
« aux évolutions militaires, etc. »

Il n'est pas question de canonniers garde-côtes ; le
mémoire de M. le général La Roncière sur la défense
des côtes est de 1767 ; il est probable que c'est alors
qu'on commença à armer les côtes du Calaisis : et la
tour de Wissant, dont il est parlé plus bas, est sans
doute de cette époque.

### NOTE HISTORIQUE SUR WISSANT.

*Wissant* qui, aujourd'hui, ne peut donner abri à
une barque de pêcheur, a eu cependant un port considérable. On suppose que César s'y embarqua en
l'année 31 avant J.-C. pour faire la conquête de la
Grande-Bretagne.

« C'était au VI⁰ siècle le point le plus fréquenté
« pour le passage des Gaules en Angleterre. En 811,
« Charlemagne le visita ; en 842, il fut détruit par
« les barbares du Nord ; en 933, Louis IV, dit d'Ou-
« tremer, fait rétablir la ville et le port.

« Jean, comte de Mortaing, y équipa une flotte en
« 1193 pour attaquer l'Angleterre.

« Louis VII et Louis IX s'y embarquèrent pour
« l'Angleterre où ils allaient satisfaire à des vœux re-
« ligieux.

« Édouard III, roi d'Angleterre, y débarqua en

« 1328 , afin de rendre foi et hommage au roi de
« France, pour le duché de Guyenne. Ce même roi
« s'en empara après la bataille de Crécy, en 1346,
« et le conserva jusqu'en 1558 (1). Dès cette dernière
« époque, ce port avait déjà beaucoup perdu de son
« importance ; les sables chassés par les vents du
« Nord commençaient à l'envahir.

— « Édouard III, ayant pris Calais en 1347, fit gar-
« nir tout le pays du Calaisis de tant de forteresses
« que ce pays ne semblait faire qu'une place forte
« militaire (2).

Dans cette circonstance, Wissant, comme forteresse prise un an auparavant par Henri III, et comme
port considérable, dut attirer l'attention de ce souve-
rain. Lorsque, plus tard, les successeurs de Henri III
eurent à prendre des mesures de défense pour la con-
servation du Calaisis, mesures qui durent être en
rapport avec l'introduction de l'artillerie dans les ba-
tailles, dans l'attaque et la défense des places, nul
doute que ces nombreuses forteresses n'aient été
pourvues d'artillerie vers la fin du XV$^e$ siècle ; Wissant, qui était encore un point fort important, dut
recevoir des pièces d'artillerie. Si l'on considère la
position topographique du port de Wissant et des

---

(1) Histoire de Boulogne et de ses environs, par Bertrand ; 2$^e$ vol.,
pages 216 et 217.

(2) Histoire de la ville de Calais et du Calaisis, par Lefèvre ; t. II,
page 311.

autres ports qui sont tournés vers le nord, on remarquera que c'est toujours à l'ouest qu'ont été placées les plus longues digues, et, par suite, les principaux forts destinés à la défense du port ; cette nécessité dérive de la direction nord-ouest que prennent les sables, à l'invasion desquels on cherche à résister. Par conséquent, la forteresse de Wissant avait dû être placée aussi à l'ouest du port, dont l'emplacement n'est plus indiqué que par un faible ruisseau ; c'est en effet à 200 mètres, à l'ouest de l'embouchure de ce ruisseau, que ces pièces ont été trouvées.

Les chroniques du pays parlent peu de Wissant, après 1558 ; dès cette époque, les sables obstruaient le port et ensevelissaient les maisons voisines de la mer.

En 1788, il y avait une tour demi-circulaire en maçonnerie de briques, armée de quatre canons de 14, qui existait encore en 1801, et se trouvait à 50$^m$ en avant du corps-de-garde qu'on voit encore aujourd'hui. Ce bâtiment, en très-bon état, est à environ cent mètres du ruisseau de Wissant, sur la rive gauche, et à cent cinquante mètres de la grève actuelle ; cette tour demi-circulaire a été recouverte par les sables, et c'est sur la dune qui la recouvre qu'a été construite en 1840 la nouvelle batterie.